12dal Soap Design Recipe Book

디자인 비누 레시피 북

진나래 지음

THE ILLUST & ART

12dal Soap Design Recipe Book

디자인 비누
레시피 북

지은이 진나래
기　획 최지연
디자인 디자인스튜디오 포렛
ISBN 979-11-984514-9-1
발행일 2024.09.30
발행처 더일러스트앤아트
주　소 광주광역시 동구 금남로245, 전일빌딩 5층
홈페이지 http://theillustandart.com

이 책의 저작권은 저작권자의 출판사 더일러스트앤아트에 있습니다.
저작권법의 보호를 받는 저작물로 무단전재와 복제를 금합니다.

12dal Soap Design Recipe Book

일 년 열두달,
비수기 없이 바쁜
공방의 레시피 활용법

THE ILLUST & ART

들어가는 글

2018년 처음 열두달 비누를 봤을 때가 기억납니다. 예쁜 색감들이 비누에 녹아들었는데, 작은 비누가 마치 서정적인 풍경화 한 점 같았습니다. 그림을 그리는 사람이라 색감에 나름 기민하다 생각했는데, 역시나 열두달 비누의 색감은 다른 비누들과 조금 다르더군요.

비누 위에 새겨진 그림들이 너무나 인상적이라 다른 비누들도 찾아보던 중, 천연비누와 수제비누에 대해 알게 되었습니다. 열두달 작가와 만난지 어언 7년, 지나온 시간동안 작가가 보내준 비누에 대한 진지한 접근은 저의 흥미를 끌었고, 이 작가의 비누만큼 개인적 취향을 만족시킨 비누는 없었습니다. 감각적인 색감, 디자인에 담긴 이야기는 호기심을 유발했죠. 비록 어리지만 열정을 품고 살았던 작가와 인연을 이어오며, 열두달 비누를 사용해 보았습니다.

많은 사람이 알면 좋겠다는 마음이 들어 시작했던 기획은 어느새 책으로 나와 비누를 배우는 사람들, 퀄리티 높은 디자인을 하고 싶은 사람들, 공방을 운영하지만 새로운 창작에서 막히는 사람들을 위한 책이 되었습니다. 창작은 무릇 고민이 함께하기 마련입니다. 모방의 과정을 거치면서 나오는 '나만의 창작물은 어떤 과정을 겪어야 나만의 것이 되는가'라는 고민이 있으신 분께도 도움이 되면 좋겠습니다. 이 책에서는 비누 디자인에서 고민해야 하는 부분, 색감을 내는 기본적인 배합 조건, 기관과의 거래를 위한 작가만의 전략, 비누 디자인을 응용하는 방법, 작업 스케치 노트 활용법 등 개인 및 공방 운영자에게도 도움이 될 만한 이야기를 담았습니다. 디자인을 담당해 준 디자인스튜디오 포렛에 감사드리고, 이 프로젝트를 진행해 준 작가에게 감사의 인사를 전합니다.

기획 최지연 드림

12dal Soap Design Recipe Book
디자인 비누 레시피 북
목 차

- 07 • 들어가는 글
- 08 • 목차
- 11 • 이 책의 활용 방법

Ⅰ. MP비누

- 13 • 1. MP비누 이론
- 14　1) MP(Melt Pour)비누
- 15　2) MP비누 제조법
- 16　3) 디자인 비누 포인트
- 17　4) 베이스 녹이는 방법

- 18 • 2. MP비누 만들기

꽃 비누
18

카네이션 비누
20

테라조 비누
22

에메랄드 바다 비누
24

멘톨 비누
28

노을지는 풍경 비누
30

II. CP비누

35 • 1. CP비누 이론

36   1) CP(Cold Process)비누
37   2) CP비누 만드는 순서
38   3) CP비누 만드는 과정
40   4) 제작 용어
42   5) 비누 만들기 도구
44   6) 베이스 오일의 종류
49   7) 오일외 비누화 값
50   8) 향료
51   9) 분말
52   10) 조색
54   11) 비누액의 트레이스 5단계

56 • 2. CP비누 만들기

복 비누
56

망고 케이크 비누
58

우드그레인 마블 비누
60

딸기 비누
62

우리 집 비누
64

무등산 수박 비누
68

파도 비누
70

초록 숲 비누
74

광 비누
78

꽃밭 산 비누
80

수묵화 비누
82

크리스마스트리 비누
84

Ⅲ. 부록

꿀 동백
마르세유 비누
88

하트 비누
89

설거지 비누
90

강아지 비누
91

- 92 · 디자인 별 레시피 참고
- 95 · 상품 구매처
- 96 · 비누를 매력적으로 보이기 위한 사진 팁
- 97 · 우드그레인 마블 비누 커팅 방법
- 98 · 일 년 열두달 비수기 없이 바쁜 공방
- 104 · 포장 방법
- 108 · 디자인 비누 납품 사진
- 114 · 열두달 비누 공방

Ⅳ. 작업 스케치 노트

- 119 · 예시
- 129 · 작업 스케치 노트

이 책의 활용 방법

디자인 고수되기

○ 작업 스케치 노트를 활용하여 디자인 응용을 해보자.
  격자의 역할은 10칸 X 10칸 = 100칸
  (1칸당 10g = 1,000g)

○ 드로잉을 참고하여 컬러 별로 격자의 칸을 나누자.
○ 레시피는 비누를 만들기 위한 기본 베이스이고,
  용액 나누기는 디자인 별 색상의 g을 나누기 위한 방법이다.

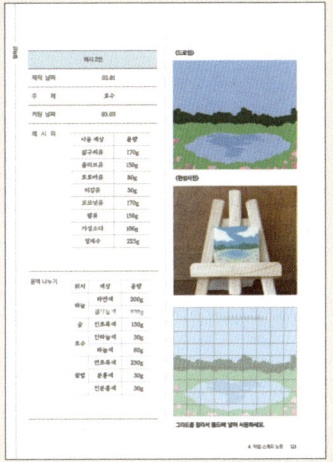

비누 만들기

○ 각 시즌 비누 만들기 방법을 참고해 보자.
○ 각 디자인 팁과 응용 방법을 참고해 보자.

1 MP비누

13 • 1. MP비누 이론

- 14 • MP(Melt Pour)비누
- 15 • MP비누 제조법
- 16 • 디자인 비누 포인트
- 17 • 베이스 녹이는 방법

18 • 2. MP비누 만들기

- 18 • 꽃 비누
- 20 • 카네이션 비누
- 22 • 테라조 비누
- 24 • 에메랄드 바다 비누
- 28 • 멘톨 비누
- 30 • 노을지는 풍경 비누

01
MP(Melt Pour)비누

① **Melt Pour (MP) 녹여붓기 법 비누의 이해**

비누 베이스에 색소와, 향료, 말린 꽃, 건조 과일 등의 첨가물을 넣어 모양을 내는 비누로 비교적 쉽고 빠르게 제작할 수 있는 기법이다. 비누 베이스는 완전한 비누 상태로 비누화 과정 및 건조 과정을 거치지 않고 당일 제작 및 사용이 가능하다는 장점이 있다.

② **도구와 재료**

| 도구

비누 몰드, 핫플레이트, 전기레인지 등 가열기구, 스테인리스 비커, 내열냄비나 녹이는 기구, 주걱, 스푼, 도마, 칼

| 재료

비누 베이스(크리스탈, 화이트), 색소(천연 분말, 마이카, 옥사이드 등), 향료(에센셜 오일, 프래그런스 오일), 글리세린, 식물성 오일, 알코올

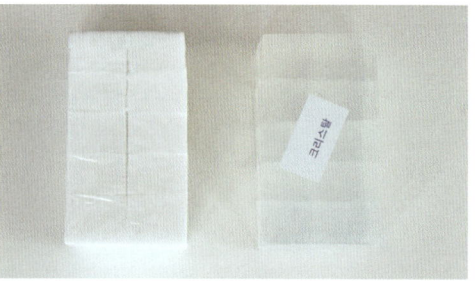

MP비누 기본레시피
비누베이스 1kg당 향료 20ml 첨가

02
MP비누 제조법

① 비누 베이스를 자른다.

② 스테인리스 비커에 넣어 완전히 녹인다.

③ 비누 베이스가 완전히 녹으면 준비한 색소와 향, 첨가물 등을 넣는다.
- 에센셜 오일은 65℃ 이하에서 첨가
- 60℃ 이하에서는 빠르게 굳으므로 신속히 진행

④ 색소와 향이 잘 섞이도록 저은 후 준비한 비누 몰드에 용액을 붓는다.

⑤ 비누가 완전히 굳은 후 몰드에서 탈형한다.

03
디자인 비누 포인트

알콜의 기능

- **소독** : 제작 전 도구를 소독할 것
- **기포 제거** : 비누 베이스가 굳기 전 분사할 것
- **접착** : 비누 베이스가 굳은 후 분사할 것

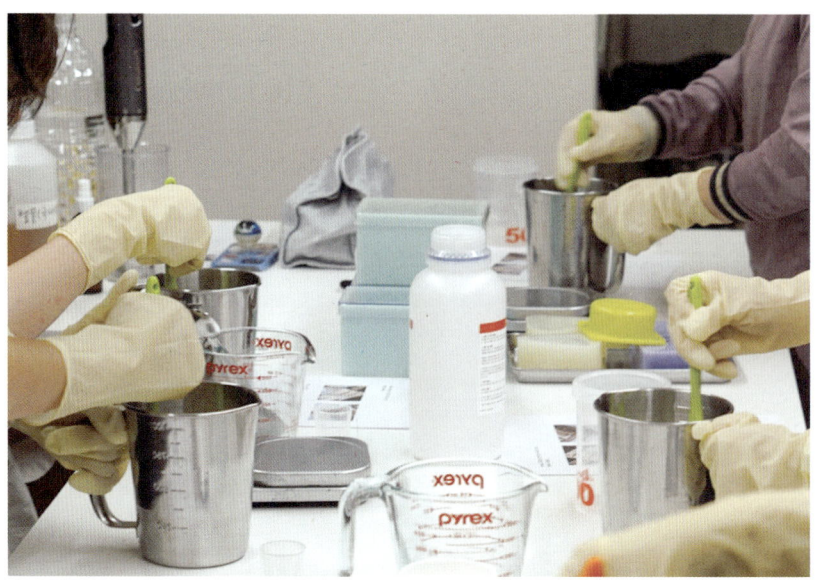

04
베이스 녹이는 방법

① 핫플레이트 사용 시

- 비누 베이스를 빠르게 녹일 수 있도록 자른다.
- 핫플레이트 낮은 온도에서 비누 베이스를 천천히 녹인다.
- **65℃ 이하의 완전히 녹은 상태의 비누 베이스**에 준비한 색소와 향 등의 첨가물을 넣는다.
- 색소와 향이 잘 섞이도록 저은 후 준비한 비누 몰드에 용액을 붓는다.
- 알코올 스프레이를 분사해 거품을 제거한다.
- 비누가 완전히 굳은 후 몰드에서 탈형한다.

② 전자렌지를 이용하는 방법

- 비누 베이스를 100g(한 조각)사이즈에 맞추어 자른다.
- 비누 베이스 100g을 종이컵이나 전자렌지 전용 용기에 담아 30초 단위로 여러 번 나누어 녹인다.
  (30초 이상 한 번에 가열하면 비누가 탈 수 있음)
- 색소와 향이 잘 섞이도록 저은 후 준비한 비누 몰드에 용액을 붓는다.
- 알코올 스프레이를 분사해 거품을 제거한다.
- 비누가 완전히 굳은 후 몰드에서 탈형한다.

No.1

꽃 비누

·제작시간 : 10분

○ 준비물

준비물
타블렛 몰드
흰색 비누 베이스
드라이 플라워

사용 재료	용량
비누 베이스	100g
향료	1~2ml

TIP
· 소량 비누 제작시, 비누 베이스 100g당 향료 1~2ml를 사용한다.
· 취향에 따라 색 분말을 첨가해도 좋다.

○ 만드는 순서

1 꽃잎이 예쁘게 보일 수 있도록 구도를 잡은 후, 비누 베이스를 붓는다.

2 꽃잎을 얹어 데코를 한다.

생화 특수 건조 방법

준비물 : 밀봉 용기, 생화, 실리카겔

1. 싱싱한 생화를 밀봉 용기에 담는다.
2. 실리카겔을 꽃 위로 살살 부어 가득 채운다.
3. 꽃 종류별로 다르나 최소 한 달이 필요하다.

No.2
카네이션 비누

·제작시간 : 20분

○ 준비물

준비물	
카네이션 몰드를 사용하여 만든 꽃	
구분	사용 재료
비누 베이스	크리스탈 베이스
첨가물	향료

> **TIP**
> · 일주일 이상 건조하거나 제작 전, 30분 정도 냉동보관하여 사용한다.
> · 몰드를 바꾸면 다양한 꽃비누를 제작할 수 있다.

○ 만드는 순서

 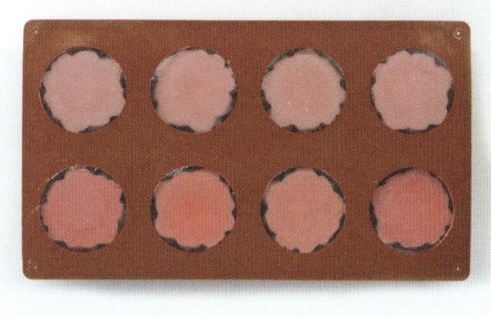

1 향료를 넣지 않은 크리스탈 비누 베이스를 1/3 정도 붓는다.

향료 첨가 시, 투명도가 떨어지므로 먼저 넣지 않는 것이 좋다.

2 카네이션 데코 비누는 뒤집어서 넣은 뒤 향료를 넣은 투명 비누 베이스로 몰드를 가득 채우고 마무리한다.

꽃 비누 만들기 응용

몰드와 색을 바꾸면 전혀 다른 느낌의 비누가 완성된다.
여러가지 몰드를 이용해서 다양한 꽃 비누를 만들어 보자.

No.3

테라조 비누

·제작시간 : 30분

○ 준비물

준비물	
다양한 색상의 조각 비누 준비	
사용 재료	용량
테라조 조각 비누	300g
흰색 비누 베이스	350g
에센셜 오일	6ml

TIP · 자투리 비누를 모아 사용해도 좋다.

○ 만드는 순서

1 준비한 테라조 조각 비누를 가득 담은 후 알콜을 충분히 분사한다.

2 흰색 비누 베이스를 몰드 가득 붓는다.

자투리 보관법

자투리를 색깔별로 분류해 보관하면 사용할 때 편리하다. 직사광선에 주의하고 서늘한 곳에 보관한다. 기간은 보관 환경에 따라 다르지만 보통 1년이다.

No.4
에메랄드 바다 비누

· 제작시간 : 60분

○ 준비물

준비물	
몰드를 사용하여 만든 조개 비누	
구분	사용 재료
비누 베이스	크리스탈 베이스, 흰색 베이스
첨가물	마이카, 어성초 분말, 향료

○ 만드는 순서

1 몰드를 준비한다.

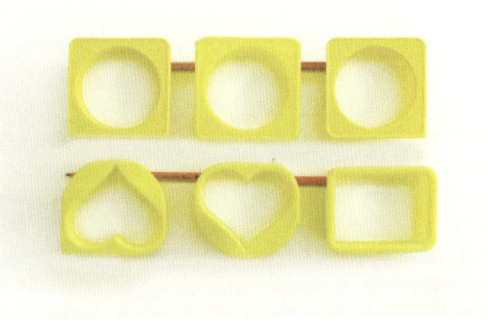

2 몰드를 기울여서 준비한 후 흰색 비누 베이스를 몰드의 1/3정도 붓는다.

3 모래사장(어성초 용액)을 몰드에 절반 정도 붓는다.

4 조개 데코를 올린 다음 몰드를 역방향으로 준비 후 알콜을 뿌리고 바다색을 붓는다.

5 크리스탈 투명 베이스를 한 겹 더 붓는다.

6 비누를 굳힌 후 탈형한다.

조개 비누 만드는 방법

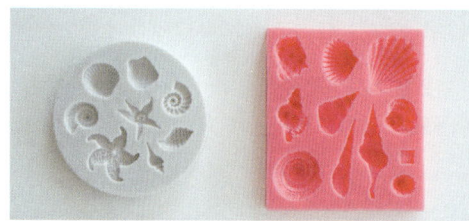
1 몰드에 알콜을 뿌린다.

2 어성초 분말을 한 꼬집씩 손으로 흩뿌린다.

3 MP비누베이스를 붓는다.

4 굳힌 후 탈형한다. (굳히는 시간은 10분 이내)

No.5
멘톨 비누

· 제작시간 : 60분

○ 준비물

준비물	
멘톨	

사용 재료	용량
크리스탈 비누 베이스	1kg
마이카	원하는 색에 따라 조절
멘톨	40g
페퍼민트 에센셜 오일	20ml

○ 만드는 순서

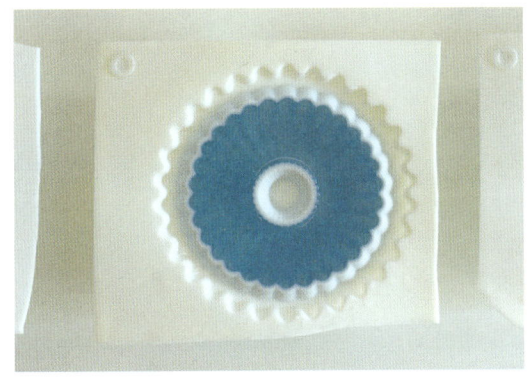 

1 크리스탈 투명 베이스를 천천히 녹이며, 온도를 65℃로 맞춘다.
2 멘톨 40g과 페퍼민트 오일을 넣고 골고루 섞는다.
3 몰드에 붓는다.

탈형하는 방법

- 형태 손상을 줄이기 위해 옆부분을 손으로 만져보고 단단해지면 탈형한다.
- 굳는 시간은 몰드 크기와 실내 온도에 따라 다르지만 10 ~ 30분 내외이다.

No.6
노을지는 풍경 비누

·제작시간 : 90분

○ 준비물

사용 재료	용량
흰색 비누 베이스	600g
색 분말	원하는 색에 따라 조절
에센셜 오일	11ml

표현 위치	사용 색상	용량
노을	진보라색	80g
	보라색	100g
	분홍색	80g
	노란색	50g
	주황색	80g
산	검은색	50g
바다	하늘색	90g
노을	주황색	70g

○ 만드는 순서

 모든 단계에서 알콜을 충분히 뿌려주세요.

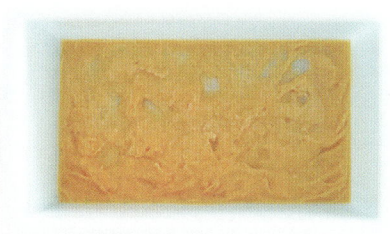

1 주황색70g(노을)을 붓는다.

2 하늘색90g(바다)을 붓는다.

3 검은색50g(산)을 붓고 스푼을 이용해 삼각형 모양을 만든다.

4 주황색40g(노을)을 붓는다.

TIP · 마이카, 숯 분말 사용의 경우 1g미만 사용도 많을 수 있으므로 소량씩 넣어 원하는 색감을 맞춰간다.

5 노란색20g(노을)을 붓는다.

6 주황색40g(노을)을 붓는다.

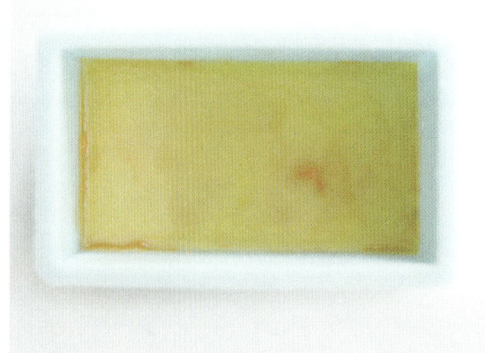
7 노란색30g(노을)을 붓는다.

8 분홍색80g(노을)을 붓는다.

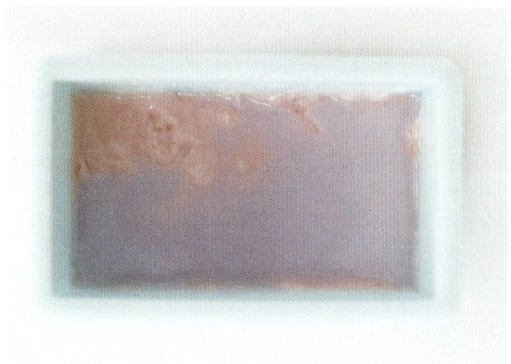
9 보라색100g(노을)을 붓는다.

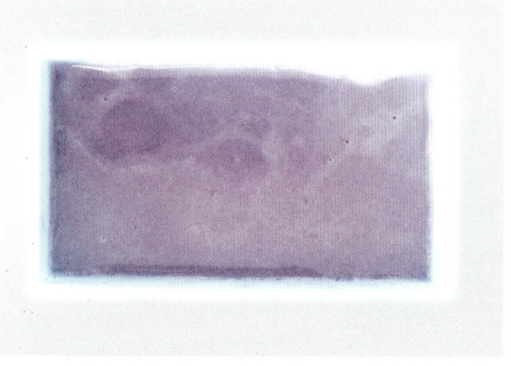
10 진보라색80g(노을)을 붓는다.

알콜 사용 시 주의사항

· 알콜은 공업용과 소독용으로 구분되는데, 소독용 알콜 함유량 83%를 사용한다.
· 눈에 들어가지 않도록 주의한다.

TIP
· 단계마다 알콜을 비누 면적에 충분하게 뿌려가며 작업한다. (부족할 경우 분리 될 수 있음 – 접착제 역할)
· 알콜의 분사량은 접착과 분리와 밀접한 관계가 있다.
· 부족하게 사용하는 것보다는 충분히 사용하는 것이 낫고 골고루 분사하도록 한다.

② CP비누

35 · 1. CP비누 이론

36	CP(Cold Process)비누
37	CP비누 만드는 순서
38	CP비누 만드는 과정
40	제작 용어
42	비누 만들기 도구
44	베이스 오일의 종류
49	오일의 비누화 값
50	향료
51	분말
52	조색
54	비누액의 트레이스 5단계

56 · 2. CP비누 만들기

56	복 비누
58	망고 케이크 비누
60	우드그레인 마블 비누
62	딸기 비누
64	우리 집 비누
68	무등산 수박 비누
70	파도 비누
74	초록 숲 비누
78	광 비누
80	꽃밭 산 비누
82	수묵화 비누
84	크리스마스트리 비누

01
CP(Cold Process)비누

베이스 오일, 가성소다, 물을 교반하여 비누화를 만드는 방법으로 베이스 오일의 구성과 첨가물에 따라 비누의 특성이 달라지므로 자신의 피부타입에 맞게 레시피를 구성할 수 있다. 가성소다(수산화나트륨)는 소금물을 전기 분해하여 (-)극에서 얻어지며, 수용액은 강한 알칼리성으로 베이스 오일을 비누로 만드는 매개체 역할을 한다. 오일에 따라 필요한 가성소다의 값이 달라 정확한 양을 계산하여야 하며, 4주 건조 기간 동안 가성소다는 증발하여 비누 안에는 오일의 유용한 성분만 남게 된다.

베이스 오일 + 가성소다 + 물 = 비누 + 글리세린
(지방산 유지) (수산화나트륨)   (비누화)

가성소다 취급 주의사항

① 가성소다 용액을 만들 때는 반드시 물에 가성소다를 넣어야 한다. 반대로 가성소다에 물을 부으면 갑작스런 화학 반응으로 인해 폭발할 가능성이 있다.

② 가성소다가 물에 녹을 때는 80℃ 이상으로 올라가며 흰색 증기가 발생한다. 얼음 물을 사용하여 증기가 발생하지 않도록 온도를 낮춰주는 것이 좋다.
ex) 정제수 225g 중 얼음 160g, 정제수 65g이다.

③ 긴 팔 옷, 장갑, 마스크 등을 착용해 화상을 방지하고 환기가 잘 되는 곳에서 작업한다.

④ 도구는 열에 잘 견디는 스테인리스 비커나 내열 유리 등을 사용한다.

⑤ 가성소다는 몸에 튀지 않도록 각별히 유의하며, 피부에 닿으면 곧바로 흐르는 물에 씻고 식초로 중화시키거나 비눗물로 세정한다.

⑥ 가성소다는 어린이나 반려동물의 손에 닿지 않는 곳에 보관하고, 밀봉해서 공기를 차단한다.

02 CP비누 만드는 순서

① 베이스 오일 선택

1kg의 비누 제작을 기준으로,
베이스 오일은 700~750g을 사용하며 피부타입이나 특성에 따라 오일을 선택한다.

② 가성소다의 양 정하기

비누화 값 표를 참고하여 양을 계산한다.

> **[가성소다 양 계산하는 방법]**
>
> 올리브유100g, 코코넛유100g을 넣어서 비누를 만든다면 필요한 가성소다의 양은?
>
> (올리브유100g X 올리브유의 비누화 값 0.134)
> + (코코넛유100g X 코코넛유의 비누화 값 0.19) = 32.4g(가성소다의 양)
>
> ※ 사용하는 오일에 따라 가성소다의 값이 변하므로 비누화 값 표 필수 참고

③ 정제수 양 정하기

베이스 오일의 전체 양의 30~40%로 계산한다.

> **[물의 양 계산하는 방법]**
>
> 베이스 오일의 전체 양이 750g일 때, 물의 양은 30%이다.
> 750g X 0.3% = 225g(물의 양)

④ 첨가물 선택

향료, 분말, 드라이 허브, 소금 등을 레시피에 따라 선택한다.

03
CP비누 만드는 과정

① 정제수(얼음 물)를 계량한다.

ex) 정제수 225g 중 얼음 160g, 정제수 65g이다.

· 얼음 물을 사용하면 온도가 급격하게 올라가는 것을 방지할 수 있다.

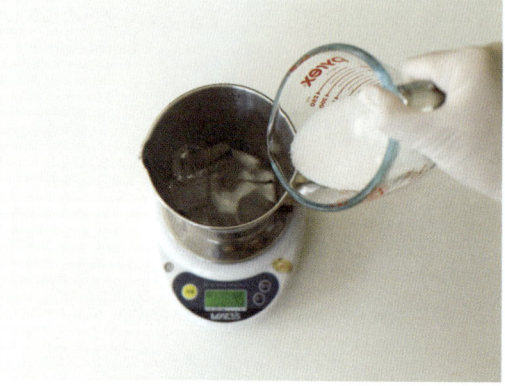

② 가성소다를 계량하여 1의 정제수에 부어 완전히 녹인 후 가성소다수의 온도를 30~45℃로 식힌다.

· 여름철 : 30~35℃
· 겨울철 : 40~45℃

③ 베이스 오일을 계량하여 30~45℃로 가열한다. 가성소다수와 온도를 동일하게 맞춘다.

④ ③베이스 오일에 ②가성소다수를 천천히 부은 후 가볍게 저어준다.

⑤ 핸드블랜더로 트레이스를 낸다.

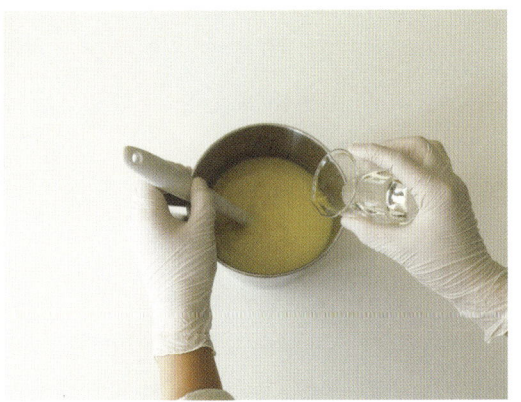

⑥ 에센셜 오일, 천연 분말 등 준비한 첨가물을 넣어준다.

⑦ 비누 몰드에 비누를 붓고 48시간 동안 보온한다.

⑧ 보온 후 커팅.
햇볕이 들지 않는 서늘한 곳에서 4~6주 건조한다.

제작 용어

① 디스카운트(Discount)

가성소다 양을 줄이는 방법으로 오일의 일부를 비누화 되지 않도록 하여 조금 더 순한 비누를 만드는 방법이다. 일반적으로 가성소다 순도 93~98%로 제작이 되기 때문에 너무 많은 양을 줄이는 경우 비누의 산패가 빨리 올 수 있다.

② 수퍼팻(Superfat)

레시피의 기본 베이스 오일 외에 추가로 오일을 첨가하는 방법으로 영양이 풍부한 기능성 오일을 1~5%정도 넣어 비누의 좋은 영양을 기대할 수 있다. 단, 너무 많은 양을 늘리거나 여름철 제작 시에는 산패 우려가 있으니 적당량을 계절에 따라 조절하는 것이 좋다.

③ 비누화 값(Saponification value)

베이스 오일 1g을 비누로 만드는 데 필요한 가성소다의 양이다.

④ 비누화(Saponification)

베이스 오일을 가성소다수(水)와 교반하여 구성 성분인 글리세린과 알칼리염으로 가수분해되는 것으로 비누로 만들어지는 과정을 의미한다.

⑤ 트레이스(Trace)

핸드블랜더로 비누 용액을 섞어 생크림 같은 제형으로 만드는 과정이다.
트레이스 점도는 1~5단계로 구분하며 비누 디자인에 따라 점성을 선택한다.
(p.54참고)

6 보온

CP비누 제작 시 화학반응에 의해 비누 용액은 일정 시간 후 스스로 열을 발생하게 되며, 이 열이 급격하게 떨어지지 않도록 스티로폼 박스나 비누 보온고에 넣어 일정한 온도를 유지하도록 한다.

7 과보온

CP비누 제작 시 베이스 오일, 가성소다수의 교반 온도가 높거나 보온 온도가 높았을 때 비누 단면 혹은 상단에 투명한 기름 부늬가 나타나는 현상이다.

8 젤화

CP비누 제작 시 보온 과정을 거쳐 만들어지는 현상으로 열에 의해 비누 용액이 투명한 상태가 되었다가 열이 식으면서 불투명하게 변화하게 되는 과정이다. 굳은 비누는 쫀쫀한 찰기가 느껴진다.

9 비젤화

CP비누 제작 시 비누 용액을 냉동고와 같은 차가운 곳에 넣어 온도를 급격하게 떨어트리는 방법으로 굳은 비누는 단단해지며, 커팅 시 비누가 부서질 수 있으므로 대용량 몰드보다는 작은 비누 몰드에 담는 것이 좋다.

10 건조

보온이 끝난 후 비누는 햇볕이 들지 않는 서늘한 곳에서 4~6주 동안 건조 과정을 거쳐야 하며, 비누 안에 가성소다와 수분을 날리는 시간이다. 충분한 건조 이후 사용하기 좋은 완성품이 된다.

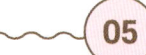

05

비누 만들기 도구

1

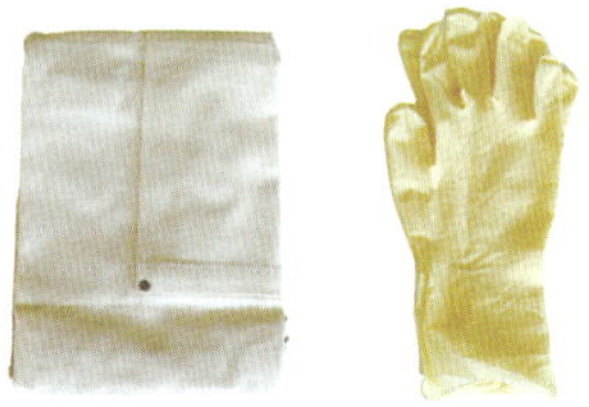

2

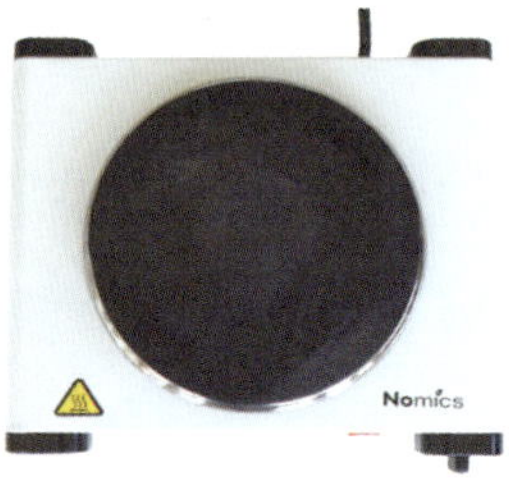

3

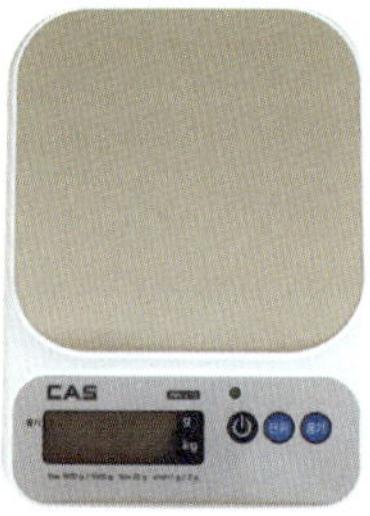

4

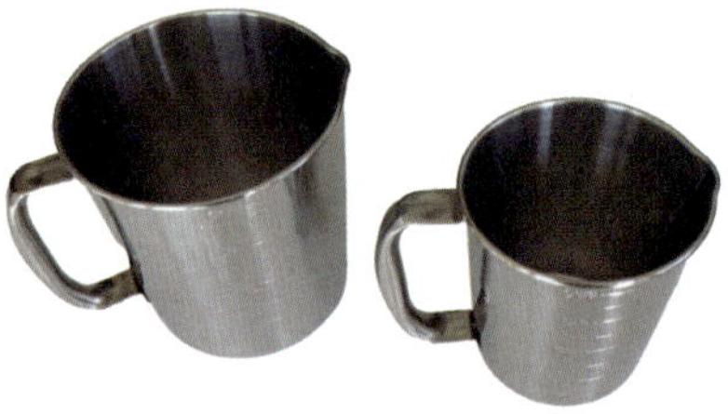

5

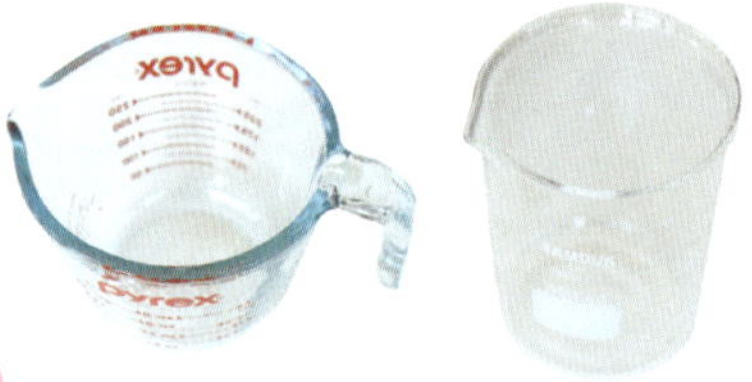

6

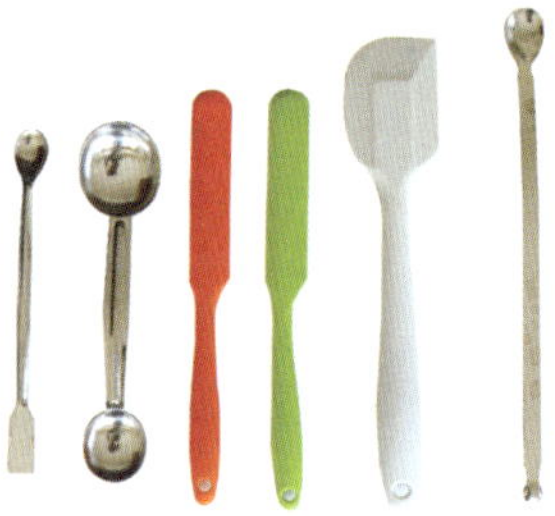

1 **앞치마와 장갑** 제작 시 비누액이 튀기지 않도록 보호하기 위해 착용한다.

2 **가열 기구** 재료를 가열하거나 중탕하기 위해 사용한다.

3 **전자 저울** 재료를 계량하기 위해 사용한다.

4 **스테인리스 비커** 재료를 계량할 때 사용하며, 비누 1kg을 만들기 위해서는 2L의 비커를 사용한다.

5 **내열 유리 비커 & 각종 비커** 가성소다를 계량할 때는 반드시 내열 유리를 사용한다.

6 **주걱 & 스푼** 재료를 섞거나 계량할 때 사용한다.

⑦ **핸드블랜더**   베이스 오일과 가성소다를 교반 후 섞어주는 용도로 사용하며, 비누화를 돕는다.

⑧ **온도계**   온도를 측정할 때 사용한다.

⑨ **비누 몰드**   비누액을 담아 굳히는 용도로 사용한다.

⑩ **짤주머니 & 모양 깍지**   섬세한 디자인 작업이나 다양한 데코레이션을 위해 사용한다.

⑪ **비누 커터기**   비누를 원하는 크기로 자르기 위해 사용하며, 일반 칼과 도마를 사용해도 좋다.

⑫ **담요 & 상자**   보온을 위해 사용하며 일반 상자, 스티로폼 상자, 비누 보온고 등을 선택하여 사용한다.

06
베이스 오일의 종류

원하는 타입의 비누에 따라 오일을 선택한다.
디자인 비누 제작 시, 짙은 색의 오일은 비누 색에 영향을 주어 피하는 것이 좋다.

베이스 오일을 한 가지만 선택하여 만드는 비누를 카스틸 비누라고 하며, 오일의 장점을 그대로 느낄 수 있는 있지만 오일 선택에 따라 비누가 무르거나 쉽게 건조해질 수 있다. 베이스 오일은 보통 3~7개의 오일을 선택하여, 적절하게 레시피를 구성한다.

건성, 중성, 지성	올리브유, 포도씨유, 스윗아몬드유, 헤이즐넛유, 시어버터
민감성, 아토피	호호바유, 동백유, 아보카도유, 달맞이꽃유, 살구씨유
여드름	올리브유, 호호바, 녹차씨
거품, 단단함	코코넛유, 팜유, 시어버터, 코코아버터
비누화 반응 촉진	미강유, 피마자유, 코코넛유, 팜유

올리브유

보습감이 우수하여 비누를 만들 때 가장 많이 사용되며, 엑스트라버진 올리브유는 짙은 색을 띄어 디자인 비누 제작 시에 적합하지 않아 퓨어 올리브유를 사용한다.

포도씨유

고농도의 리놀레산을 함유하고 있어 보습, 노화 예방에 도움을 주며, 피부의 흡수력이 좋다.

스윗아몬드유

비타민A, B1, B2, B6, D, E와 미네랄, 불포화 지방산인 리놀레산을 함유하고 있어 보습, 습진, 피부 진정에 도움을 준다. 클렌징 오일로 사용하기 좋다.

헤이즐넛유

보습감, 흡수력이 뛰어나 지성 및 복합성 피부에 사용하기 좋다.

호호바유

비타민A, D, E와 불포화 지방산이 다량 함유되어 있어 피부 재생 및 노화 예방, 습진, 건선 등에 도움을 주고 피부 질환을 개선시키는 목적으로 사용한다.

녹차씨유

피부를 부드럽고 촉촉하게 만들어주며 항산화, 수렴, 피부 탄력, 항염 작용을 한다. 여드름 피부에 많이 사용된다.

동백유

피부와 두피에 잘 스며들어 비누, 샴푸, 스킨케어 제품에 사용하기 적합하며, 끈적임이 없고 아토피 치료에 효과가 있다고 알려져 많이 사용되는 오일 중 하나이다.

아보카도유

비타민A, B1, B2, D, E가 풍부해 피부 조직을 부드럽게 하여 민감성 피부에 진정 효과를 기대할 수 있고 노화 피부, 건선 피부에 사용한다.

달맞이꽃유

불포화 지방산의 함유량이 매우 높아 보습감이 좋고 가려움을 진정시키거나 피부의 상처, 건조함을 치유하는 데 도움을 준다. 특히 아토피 피부에 많이 사용된다.

살구씨유

살구씨에서 추출한 오일로 피부 흡수가 빠르고 가려움증을 완화하는 데 유용하다. 건성, 민감성, 노화, 염증성 피부에 사용하기 좋다.

미강유

쌀겨에서 추출한 오일로 비타민 E와 미네랄이 풍부하고 보습감이 좋다. 비누화를 빠르게 유도하는 오일로 트레이스 속도 조절을 위해 사용된다. 비누 1kg 제작 시 10~50g 정도를 넣는다.

피마자유

오일의 점도가 높고 보습감과 피부에 수분을 보존하는 기능이 있어서 스킨케어, 비누, 샴푸바에 자주 사용된다. 비누의 거품을 유지하는데 도움을 주며 1kg 제작 시 10~50g 정도를 넣는다.

코코넛유
겨울에는 흰색 고체로 여름에는 액체 상태로 유지된다. 비누를 단단하게 하며 풍부하고 커다란 거품을 내는 오일이다. 산패가 느린 편으로 너무 많은 양을 넣을 시 피부가 건조해질 수 있다.

시어버터
보습 효과가 뛰어나며, 건조한 피부에 직접 발라주어도 좋다. 비누에 사용할 때는 단단함 유지하는 역할도 하며, 비누 총량의 2~5% 정도 소량을 사용한다.

팜유
포화지방산으로 겨울에는 흰색 고체로 여름에는 액체 상태이다. 비누를 단단하게 하며 조밀한 거품을 내는 오일이다. 비누화 과정에서 글리세린이 적게 생성되어 건조한 편이니 불포화 지방산을 포함한 오일과 함께 사용한다.

코코아버터
피부를 매끄럽고 부드럽게 해주는 특징이 있으나 쉽게 흡수되지 않기 때문에 흡수력이 좋은 불포화 오일과 같이 사용한다. 비누에 넣으면 단단하게 해주는 효과가 있으며 너무 많은 양을 사용하면 비누가 갈라질 수 있으니 비누 총량의 15%정도만 사용한다. 연고, 립밤, 비누, 마사지 크림 등 활용 범위가 넓다.

07 오일의 비누화 값

오일	가성소다	오일	가성소다
달맞이꽃유	0.136	아몬드유	0.136
대마유	0.135	아보카도유	0.133
동백유	0.136	옥수수유	0.136
땅콩유	0.136	올리브유	0.134
라놀린유	0.074	참기름	0.133
라드유	0.138	카놀라유	0.132
로즈힙시드유	0.138	코코넛유	0.19
마카다미아유	0.139	코코아버터	0.19
망고버터	0.137	대두유	0.135
맥아유	0.131	쿠쿠이넛유	0.135
면실유	0.139	팜커넬유	0.156
미강유	0.128	팜유	0.141
밀랍	0.069	포도씨유	0.126
밍크유	0.14	피마자유	0.129
보라지유	0.136	해바라기씨유	0.134
살구씨유	0.135	헤이즐넛유	0.136
시어버터	0.128	호두씨유	0.135
식물성쇼트닝	0.136	호호바유	0.069
아마인유	0.135	홍화씨유	0.136

08 향료

비누에 사용하는 향은 크게 천연향인 에센셜 오일과 인공향인 프래그런스 오일이 있다.
에센셜 오일은 식물의 꽃, 잎, 열매, 뿌리, 줄기 등을 추출한 향으로 농축된 성분이므로 반드시 정량을 사용하며, 원액이 피부에 바로 닿지 않도록 주의하고 임산부, 영유아, 고혈압 등의 병력이 있는 경우 민감하게 반응할 수 있으므로 상황에 따라 양을 조절하거나 프래그런스 오일로 대체한다. 오일은 비누 총량의 1~3% 정도를 첨가한다.

> **TIP** · 에센셜 오일은 휘발성이 강하고 지속력이 약하므로, 향 오일 한 가지를 사용하기 보다는 적절하게 블렌딩하여 사용하는 것이 좋다.

피부 타입	추천 에센셜 오일
정상 피부	라벤더, 네롤리, 저먼캐모마일, 제라늄, 팔마로사, 로즈우드, 샌달우드
민감성 피부	로먼캐모마일, 저먼캐모마일, 네롤리, 샌달우드
여드름, 지성 피부	라벤더, 티트리, 제라늄, 주니퍼베리, 사이프러스, 베르가못, 레몬, 유칼립투스, 시더우드
건성 피부	저먼캐모마일, 제라늄, 라벤더, 네롤리, 팔마로사, 로즈우드, 샌달우드
복합성 피부	라벤더, 제라늄, 네롤리, 로즈우드, 샌달우드
탈수 피부	저먼캐모마일, 로먼캐모마일, 라벤더, 제라늄, 네롤리, 팔마로사, 로즈우드, 샌달우드
노화 피부	캐롯시드, 저먼캐모마일, 로먼캐모마일, 프랑킨센스, 라벤더, 네롤리, 팔마로사, 패츌리, 로즈우드, 샌달우드
알레르기 피부	로먼 캐모마일, 에버래스팅, 라벤더
켈로이드 피부	에버래스팅, 프랑킨센스, 샌달우드

09 분말

비누 조색 시에는 분말을 비누 용액을 소량씩 넣어 원하는 색을 맞춰 갈 수 있도록 한다. 다양한 색을 표현하기 위해서는 분말과 비누 용액의 비율을 조절하여 색을 만들 수 있다. 비누의 색은 베이스 오일과 제조사에 따라 차이가 날 수 있으며, 비누화 과정에서 변색이 될 수 있다.

	천연 분말	색소
빨간색	-	레드 옥사이드
주황색	파프리카	오렌지 마이카
노란색	단호박	옐로우 마이카
초록색	클로렐라	그린 옥사이드, 그린 마이카
파란색	청대	블루 옥사이드, 블루 마이카
보라색	꼭두서니	퍼플 마이카
분홍색	꼭두서니 + 티타늄디옥사이드	핑크 마이카
흰색	-	티타늄디옥사이드
검은색	숯	블랙 마이카

10 조색

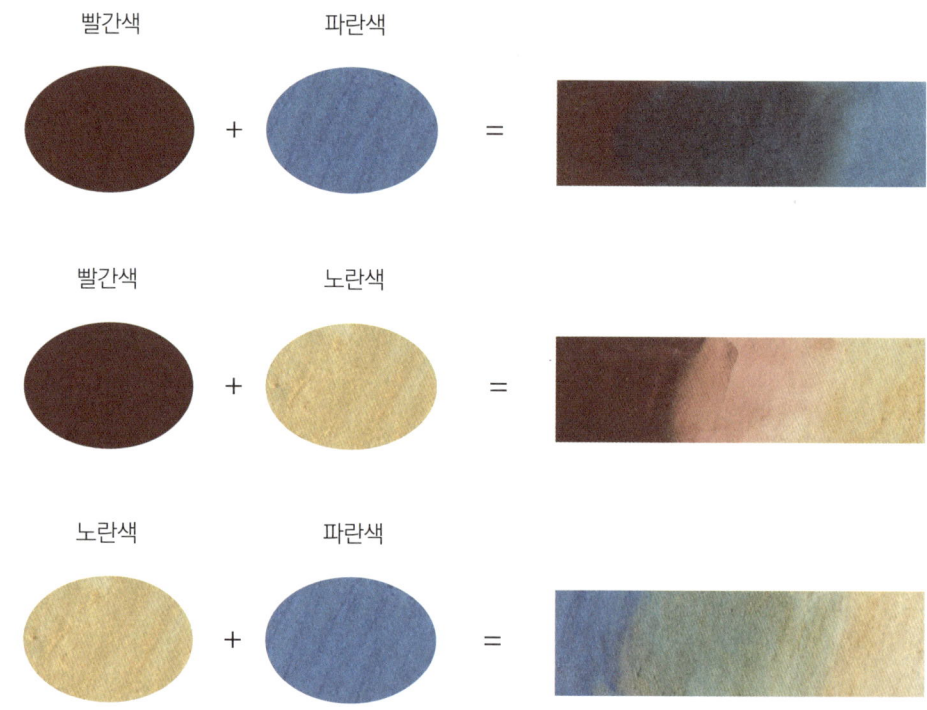

명도

← 명도 낮음　　　　　　　　　　　　　　→ 명도 높음

◯ 조색 비율

○ 분말 비율
분말과 비누 용액의 비율에 따라 색상이 미묘하게 차이나며, 브랜드마다 안료의 색이 조금씩 차이가 난다.

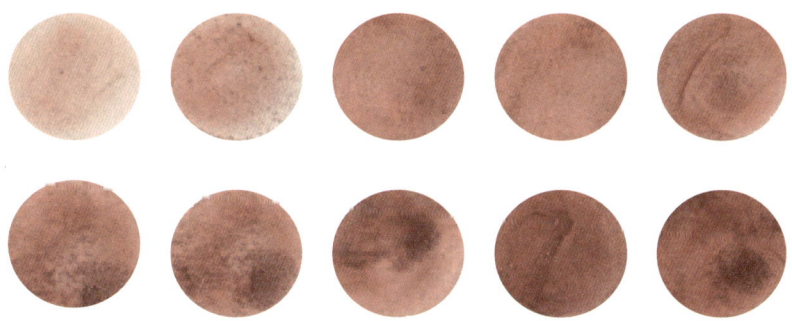

분말이 많을 때 ←　　　　　　　　　　　　　→ 분말이 적을 때

11
비누액의 트레이스 5단계

비누액의 트레이스 상태 변화는 1~5단계로 나눈다. 1단계는 가장 묽은 상태이고 5단계는 가장 꾸덕한 상태이며 원하는 디자인에 따라 비누액의 점도를 선택한다.

> **TIP** · 비누 레시피나 핸드블랜더 사용에 따라 트레이스 단계가 변하는 속도가 달라진다.

1단계

비누액 자국이 남지 않은 가장 묽은 상태
(ex. 스킨 제형)

2단계

비누액으로 별을 그렸을 때 자국이 희미하게 생겼다가 없어지는 상태
(ex. 묽은 로션 제형)

3단계

비누액으로 별을 그렸을 때 자국이 또렷하게 보이며, 유지되는 상태 (ex. 묵직한 로션 제형)

4단계

별이 그려지지 않는 상태
(ex. 페이셜 크림 제형)

5단계

비누액이 가장 많이 굳은 상태
(ex. 아이크림 제형)

1월

복 비누

·제작시간 : 60분

○ 준비물

준비물	
짤주머니, 가위, 집게	
사용 색상	용량
흰색	300g
주황색	20g
초록색	20g
노란색	20g
파란색	20g
분홍색	20g
보라색	600g

○ 만드는 순서

1. 보라색 600g을 몰드에 담는다.

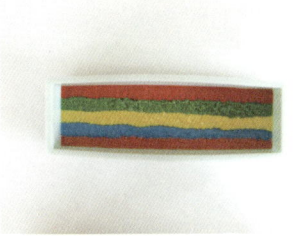

2. 주황색, 초록색, 노란색, 파란색, 분홍색을 한 줄씩 쌓는다.

   이때 베이킹 짤주머니를 사용하면 구역을 나누어 붓기가 편하다.

3. 흰색을 쌓은 후 스푼을 사용하여 모양을 낸다.

   비누 탈형 후 칼을 사용하여 주머니 모양으로 자른다.

비누 스탬핑 방법

· 비누 커팅 후 최소 1시간 ~ 최대 2일 이내에 한다.
· 스탬프에 알콜을 분사한다.
· 고무 망치로 적당한 힘을 가하여 각인한다.
· 스탬프 제작 업체에 따라 각인의 깊이나 모양이 달라질 수 있다.

2월

망고 케이크 비누

·제작시간 : 60분

○ 준비물

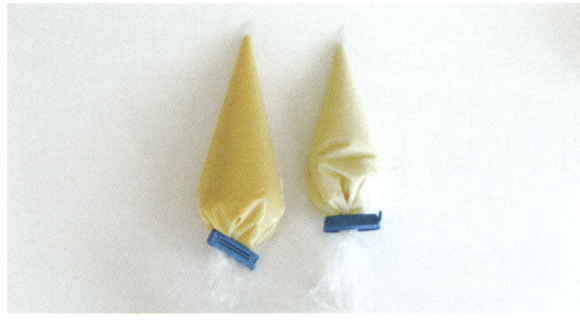

준비물
깍둑썰기 한 망고 모양 비누
짤주머니, 베이킹 팁, 가위, 집게

사용 색상	용량
흰색	450g
노란색	550g

크림 모양내기

- 베이킹 짤주머니에 팁을 미리 넣어 사용한다.
- 윗지름 : 1.25cm / 높이 : 4.4cm

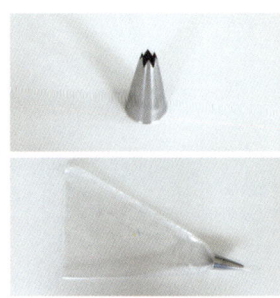

○ 만드는 순서

1 흰색 – 노란색을 순서대로 쌓는다.

2 흰색 – 노란색을 순서대로 또 쌓는다.

3 몰드 가장자리에 크림을 짠다.

4 준비한 망고 모양 비누를 올린다.
| 커팅 면을 생각해서 올려주세요!

레시피3 추천　첨가 분말 – 마이카, 티타늄디옥사이드, 오트밀 분말　(p.93 참고)

3월
우드그레인 마블 비누

(p.97 커팅 방법 참고) · 제작시간 : 60분

○ 준비물

준비물
몰드 뚜껑
서브 비커

사용 색상	용량
파란색	300g
노란색	300g
빨간색	400g

> **TIP** · 뚜껑을 이용해 몰드를 기울이면 자연스러운 마블을 만들 수 있다.

○ 만드는 순서

1 몰드의 벽을 타고 준비된 용액을 좌 ↔ 우로 왔다 갔다 반복하며 채운다.

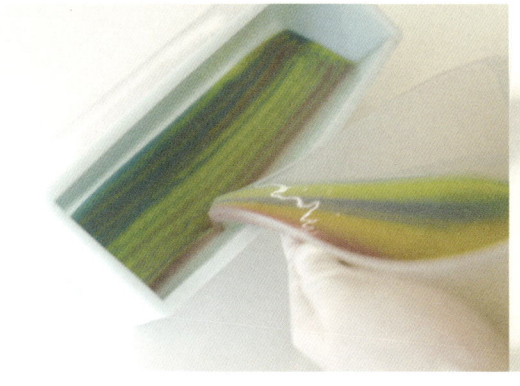 

2 좌 ↔ 우로 쌓다 보면 자연스러운 마블 형태가 완성된다.

레시피2 추천   첨가 분말 – 마이카 (p.92 참고)

4월

딸기 비누

· 제작시간 : 90분

○ 준비물

준비물
딸기 모양 비누 8~9개
짤주머니, 베이킹 팁, 가위, 집게

사용 색상	용량
흰색	230g
분홍색	430g
노란색	260g
빨간색	20g
진분홍색	20g
초록색	20g
보라색	20g

○ 만드는 순서

1 분홍색230g, 노란색100g을 모양에 따라 순서대로 쌓는다.

2 포인트 쨈을 쌓은 후 노란색160g을 쌓는다.

3 분홍색200g을 쌓는다.

4 흰색 크림은 베이킹 팁을 사용하여 모양을 내며 쌓는다.

5 딸기 모양 비누를 얹는다.

TIP · 2번 과정 포인트 쨈 사이에 노란색을 채워 쨈 모양을 유지하는 지지대로 사용한다.

레시피3 추천 첨가 분말 – 마이카, 티타늄디옥사이드, 오트밀 분말 (p.93 참고)

5월

우리 집 비누

· 제작시간 : 90분

◯ 준비물

준비물		
짤주머니, 가위, 집게		
표현 위치	사용 색상	용량
구름,집	흰색	230g
하늘	하늘색	350g
지붕	빨간색	20g
숲	초록색	100g
꽃밭	노란색	300g

◯ 만드는 순서

1 몰드에 노란색을 모두 붓는다.

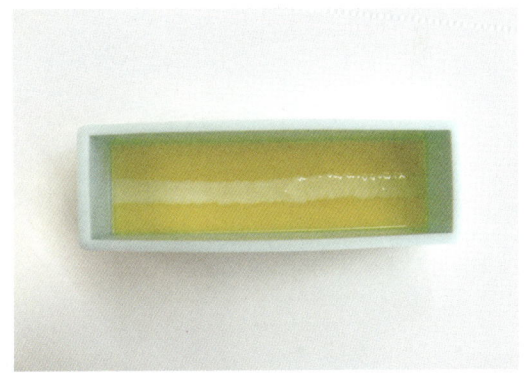

2 짤주머니에 흰색 80g을 넣고 노란색 위에 도톰하게 쌓는다.

3 울퉁불퉁한 모양이 되도록 초록색을 쌓는다. 초록색이 쌓이는 두께에 따라 숲의 형태가 달라진다.

4 집 모양 쌓기 : 흰색을 가운데에 얇게 한 줄 쌓는다. 단, 위로 쌓을수록 두께가 좁아지도록 유도한다.

5 흰색 위로 빨간색을 얇게 쌓는다.

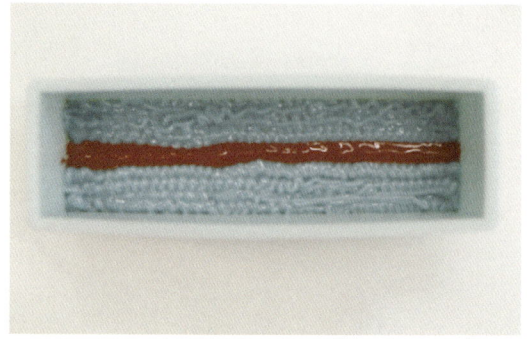

6 하늘색을 몰드 가장자리부터 쌓는다.

7 빨간색 지붕 위로 하늘색을 쌓는다.

8 흰색을 쌓는다.

9 하늘색을 다시 쌓는다.

10 흰색을 또 쌓는다.

레시피1 추천　첨가 분말 – 마이카, 레드옥사이드, 티타늄디옥사이드　(p.92 참고)

TIP · 색을 적층할 때 비누색(용량) 두께나 위치에 따라서 비누 디자인이 달라질 수 있다.
· 하늘과 지붕 색을 바꿔보고 숲의 두께를 달리 표현해 보자.
· 제작 전 작업 스케치 노트를 활용하자.

6월
무등산 수박 비누

· 제작시간 : 60분

○ 준비물

준비물	
짤주머니, 가위, 집게	
사용 색상	용량
검은색	120g
초록색	180g
흰색	100g
분홍색	600g

> **TIP** · 분말 제조사에 따라 색이 다를 수 있다.

○ 만드는 순서

1 검은색을 일정 간격을 유지하며 네 줄을 도톰하게 쌓는다.

2 검은색 사이에 초록색을 쌓는다.

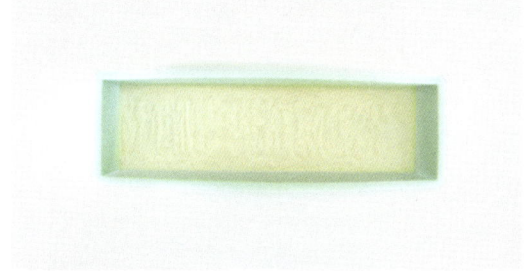

3 흰색을 얇게 쌓는다.

4 분홍색을 600g을 모두 쌓은 후 스푼을 사용하여 모양을 낸다.

레시피3 추천   첨가 분말 – 마이카, 숯 분말, 티타늄디옥사이드 (p.93 참고)

7월

파도 비누

·제작시간 : 60분

○ 준비물

준비물		
조개 몰드 비누		
표현 위치	사용 색상	용량
배경	흰색	400g
파도	파란색	100g
	하늘색	100g
	흰색	50g
모래사장	황토색	250g

TIP · 파도색 : 파란색, 흰색, 하늘색 순서대로 용액을 미리 만들어 하나의 종이 컵에 준비한다.
(굳을 수 있으므로 30분 이내에 작업이 끝나야 한다.)

○ 만드는 순서

1 핸드블랜더로 황토색을 과트레이스 내어 꾸덕한 질감을 만든 후 몰드에 붓고 스푼을 이용해 거친 모양을 낸다.

2 몰드의 벽을 타고 미리 준비한 파도색을 모두 붓는다.

3 먼저 몰드의 한쪽 벽을 타고 흰색으로 파란색을 절반 정도 가리듯 채운다.

4 반대쪽도 3번 과정과 동일하게 작업한다. 마무리로 스푼을 사용하여 흰색으로 파도색을 가리듯 채운다. (취향에 따라 조개 비누를 데코레이션 한다.)

레시피2 추천   첨가 분말 -마이카, 티타늄디옥사이드, 오트밀 분말 (p.92 참고)

수강생 작품 예시1

수강생 작품 예시2

수강생 작품 예시3

수강생 작품 예시4

8월
초록 숲 비누

· 제작시간 : 90분

○ 준비물

준비물		
짤주머니, 가위, 집게		
표현 위치	사용 색상	용량
하늘, 구름, 호수	하늘색	470g
	흰색	140g
산	진초록색	120g
	연두색	120g
숲	초록색	150g

○ 만드는 순서

1 모든 색은 짤주머니에 준비한 후, 몰드 한쪽 면부터 연두색60g과 초록색60g을 교차하며 쌓는다.

2 하늘색170g, 흰색60g을 교차하며 쌓는다.

3 2번 위에 1번의 방법을 다시 반복한다.

4 진초록색120g을 모두 붓고, 스푼을 사용해 삼각형 형태를 만든다.

5 산의 삼각형 모양이 유지될 수 있도록 하늘색 80g으로 가려주듯 채운 후 흰색20g을 흩뿌린다.

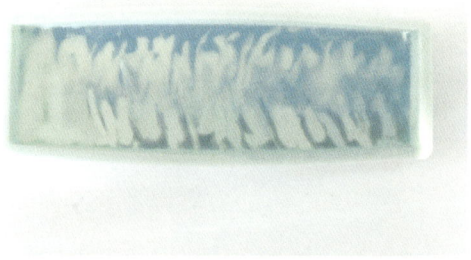

6 하늘색220g과 흰색 60g을 교차하며 쌓아
   자연스러운 구름 형태를 만든다.

레시피1 추천   첨가 분말 – 마이카, 티타늄옥사이드, 그린옥사이드   (p.92 참고)

9월

광 비누

·제작시간 : 60분

○ 준비물

준비물
흰색 원형 MP비누
가위
상자 스크래퍼

사용 색상	용량
빨간색	600g
검은색	400g

○ 만드는 순서

1 검은색400g을 붓고 준비한 상자 스크래퍼로 용액을 긁어내듯 밀어주어 모양을 낸다.

2 빈 공간을 먼저 채우며 빨간색200g을 쌓는다.

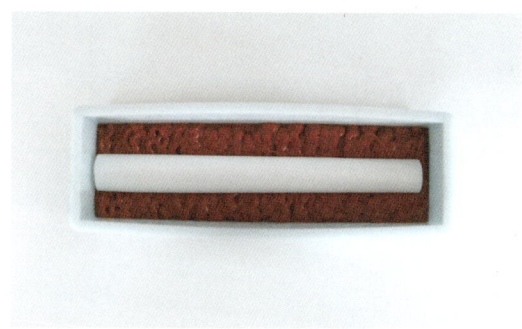

3 흰색 원형 MP비누를 넣는다.

4 빨간색400g을 쌓는다.

레시피3 추천   첨가 분말 – 레드옥사이드, 숯 분말 (p.93 참고)

10월
꽃밭 산 비누

·제작시간 : 60분

○ 준비물

준비물		
짤주머니, 가위, 집게		
표현 위치	사용 색상	용량
구름	흰색	80g
하늘	하늘색	320g
산	진초록색	200g
꽃밭	초록색	100g
	노란색	200g
	주황색	100g

○ 만드는 순서

1. 꽃밭색인 초록색100g, 노란색200g, 주황색100g을 교차하며 쌓는다.

2. 진초록색200g을 쌓은 후 스푼으로 양옆을 밀며 위로 쌓아 삼각형 형태의 산 모양으로 만든다.

3. 하늘색320g을 쌓는다.

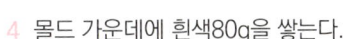

4. 몰드 가운데에 흰색80g을 쌓는다.

레시피1 추천 첨가 분말 – 마이카, 티타늄디옥사이드, 그린옥사이드 (p.92 참고)

11월
수묵화 비누

· 제작시간 : 60분

○ 준비물

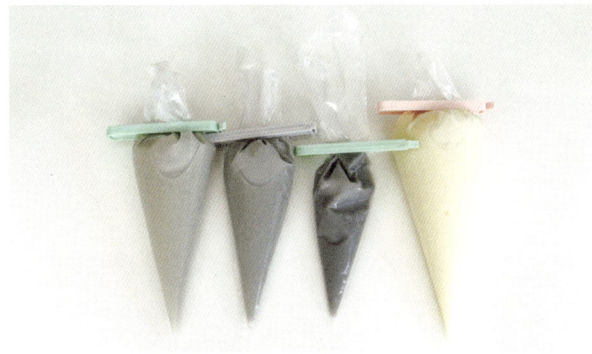

준비물		
짤주머니, 가위, 집게		
표현 위치	사용 색상	용량
하늘	흰색	400g
산	진회색	100g
	회색	200g
	연회색	300g

○ 만드는 순서 디자인에 난이도기 있어 사진의 변화 과정을 잘 펴보자.

1 연회색 ▶회색 ▶진회색 순서대로 쌓는다.   2 다시 연회색 ▶회색 ▶진회색 순서대로 쌓는다.

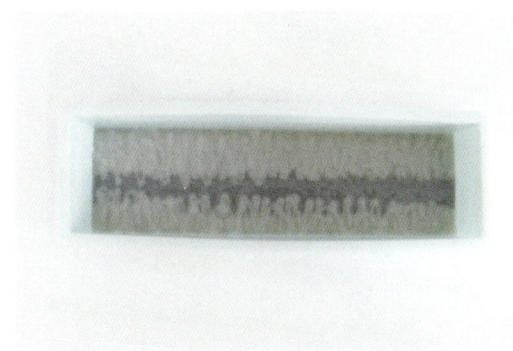

3 또 다시 연회색 ▶회색 ▶진회색 순서대로 쌓는다.   4 흰색으로 빈 공간을 채우듯 차곡차곡 쌓는다.

레시피4 추천 첨가 분말 – 티타늄옥사이드, 오트밀 분말, 숯 분말 (p.93 참고)

12DAL CP SOAP RECIPE

12월
크리스마스트리 비누

· 제작시간 : 60분

○ 준비물

준비물
별 모양 MP 비누
짤주머니
베이킹 팁
가위
집게

사용 색상	용량
초록색	750g
갈색	250g

○ 만드는 순서

1 갈색250g을 쌓는다.

2 초록색을 한 줄 쌓는다.

3 2번 보다 좁은 형태로 초록색을 한 줄 쌓는다.

4 3번 보다 좁은 형태로 초록색을 한 줄 쌓는다.

5 가운데 정렬이 되도록 초록색을 한 줄 쌓는다.

6 별 모양 MP비누를 올린다.

레시피3 추천   첨가 분말 – 카카오 분말, 그린옥사이드 (p.93 참고)

3 부록

- 88 · 꿀 동백 마르세유 비누
- 89 · 하트 비누
- 90 · 설거지 비누
- 91 · 강아지 비누

- 92 · 디자인 별 레시피 참고
- 95 · 상품 구매처
- 96 · 비누를 매력적으로 보이기 위한 사진 팁
- 97 · 우드그레인 마블 비누 커팅 방법
- 98 · 일 년 열두달 비수기 없이 바쁜 공방
- 104 · 포장 방법
- 108 · 디자인 비누 납품 사진
- 114 · 열두달 비누 공방

12dal Soap Design Recipe Book

> 부록 1

꿀 동백
마르세유 비누

사용 재료	용량
동백유	550g
코코넛유	100g
팜유	100g
가성소다	107g
정제수	225g
꿀	20ml
에센셜 오일	20ml

부록 2

하트 비누

사용 재료	용량
달맞이꽃유	240g
살구씨유	80g
미강유	30g
코코넛유	200g
팜유	200g
가성소다	114g
정제수	225g
에센셜 오일	20ml

부록 3

설거지 비누

사용 재료	용량
코코넛유	400g
팜유	200g
대두유	100g
미강유	50g
정제수(34%)	255g
가성소다	124g
시나몬 에센셜 오일	15ml

부록4

강아지 비누

사용 재료	용량
아보카도유	300g
달맞이꽃유	200g
피마자유	50g
코코넛유	200g
정제수(30%)	225g
가성소다	111g
편백 에센셜 오일 (1살 미만 또는 노견에게는 사용하지 않음)	4g

디자인 별 레시피 참고

· 비누 디자인이나 피부 타입에 따라서 선택해서 만든다.

레시피1

모든 피부용 / 풍경 비누 추천

사용 색상	용량
올 리 브 유	300g
미 강 유	20g
피 마 자 유	30g
코 코 넛 유	200g
팜 유	200g
가 성 소 다	113g
정 제 수	225g

레시피2

건성, 아토피 피부용 / 마블 디자인 추천

사용 색상	용량
동 백 유	200g
스윗아몬드유	130g
아보카도유	100g
피 마 자 유	20g
코 코 넛 유	150g
팜 유	150g
가 성 소 다	110g
정 제 수	225g

레시피3 지성 피부용 / 케익 디자인 추천

사용 색상	용량
올 리 브 유	200g
해바라기씨유	100g
미 강 유	30g
코 코 넛 유	220g
팜 유	200g
가 성 소 다	114g
정 제 수	225g

레시피4 여드름 피부용 / 풍경 비누 추천

사용 색상	용량
녹 차 씨 유	250g
올 리 브 유	100g
미 강 유	30g
피 마 자 유	20g
코 코 넛 유	200g
팜 유	150g
가 성 소 다	113g
정 제 수	225g

레시피5 노화 피부용 / 풍경 비누 추천

사용 색상	용량
살 구 씨 유	170g
올 리 브 유	150g
호 호 바 유	80g
미 강 유	30g
코 코 넛 유	170g
팜 유	150g
가 성 소 다	106g
정 제 수	225g

상품 구매처

분류	명칭	구매처
도구	1kg 기본 몰드 등	오일공구
	각종 비커	
	실리콘 주걱	
	분말 스푼	
	비누 커터기	
	전자 저울	
	전자 온도계	
	핫플레이트	
	만능 커터기	
	핸드블랜더	쿠팡
	에탄올, 정제수	
	니트릴 장갑	
	베이킹 짤개, 팁	베이킹조이
	내열 플라스틱 통	UH홈데코스토어
	비누 몰드	한나스
		야화
	스탬프	더스탬프
	스티커 제작	핑거데이
재료	식물성 오일	오일공구, 왓솝
	천연 분말, 마이카	
	레드옥사이드	왓솝
	꼭두서니 분말	이안솝
	가성소다	대명화학
	에센셜 오일	오일공구
	프래그런스 오일	브램블베리
	마이카	
	비누 베이스	아이디어스 작가스토어
	포장 상자	

비누를 매력적으로
보이기 위한 사진 팁

before

after

1 촬영 전, 천을 사용하여 렌즈를 깨끗하게 닦는다.
2 촬영 시, 촬영용 비누만 보일 수 있도록 접사 기능을 활용한다.
3 촬영 후, 채도를 조절하여 실물과 가장 흡사한 색감으로 후보정 작업을 한다.
4 배경지, 원단, 식물 등 적절한 소품을 사용한다.
5 형광등 불빛 보다는 자연광을 활용한다.
6 핸드메이드 상품은 손이 보일 수 있는 연출도 좋다.
7 비누뿐만 아니라 포장한 완제품을 준비한다.
8 다양한 구도로 최소 10장 이상의 사진을 찍고 가장 예쁜 사진 2~3장을 선택한다.

우드그레인 마블 비누
커팅 방법

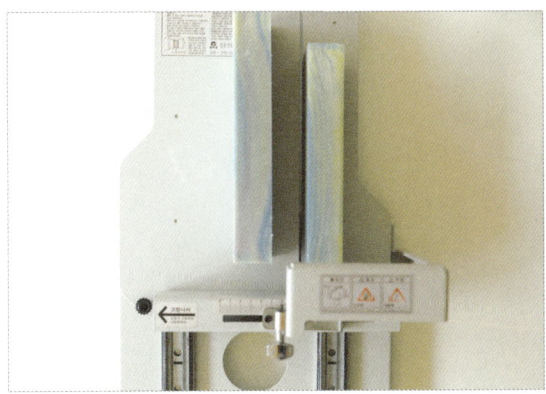

1 세로로 길게 자른다.

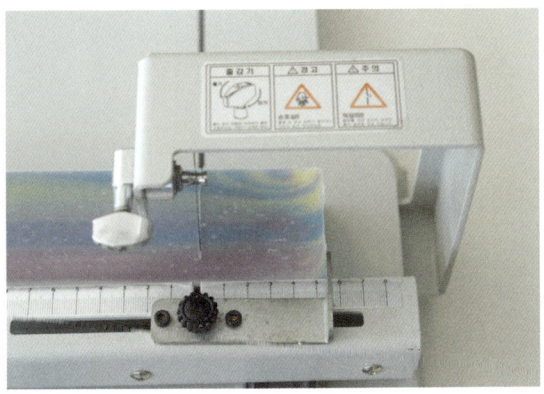

2 기계 상단을 오른손으로 잡아 고정시키고
비누를 왼손으로 밀어내며,
4~5조각 일정한 크기로 자른다.

우드그레인 마블 비누와 일반 비누 커팅이 다른 이유

· 우드그레인의 마블 형태가 가장 잘 드러나는 마블 비누는 일반 비누와 달리 세로 커팅한다.
· 세로 커팅은 우드그레인 마블 형태가 가장 잘 드러나는 방법이다.
· 가로 커팅의 경우 우드그레인 형태와는 다른 형태의 디자인이 나온다.

< 일반 비누 커팅 방법 >

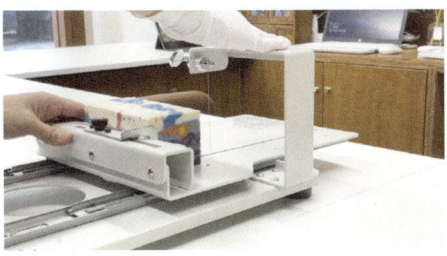
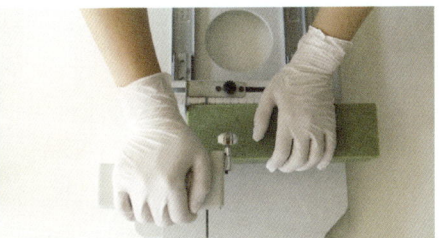

일 년 열두달 비수기 없이
바쁜 공방

수제비누를 쓰게 된 계기

여드름이 심한 민감성 피부로 피부에 좋다고 하는 여러 제품들을 사용해 오면서 나와 맞는 제품을 찾는 데에 많은 시행착오를 겪었다. 20대 중반 무렵 처음 접하게 된 수제비누를 시작으로 서서히 피부가 좋아짐을 느끼게 되었고 자연스레 비누와 가까워졌다. 변화된 피부로 스트레스에서 해방되고 그것을 유지하기 위해 지금까지 꾸준히 사용하고 있다. 다니던 직장을 그만두게 되면서 취미 생활로 평소 좋아하는 커피, 뜨개질, 앙금플라워 떡케이크 그리고 아로마 테라피와 비누를 배우러 다녔다. 그 중 가장 흥미로웠던건 단연 비누였고 내가 사용하는 원료에 대한 궁금증을 해소하기 위해 본격적으로 공부를 시작했다. 집과 1시간 30분 거리에 있는 강사를 찾아가 두 달 동안 매주 토요일 원료 공부를 하게되었다.

직접 효과를 봤던 여드름 피부 레시피

올리브유 300g 미강유 20g
피마자유 30g 코코넛유 200g
팜유 200g 정제수 225g
가성소다 113g 티트리 에센셜 오일 20ml
숯 분말 2티스푼

비누로 작가를 한다고?

비누에 대한 궁금증을 시작으로 관련 자격증을 취득하게 되었고 화장품과 비누를 만들었다. 처음 만든 것은 MP비누였다. 비누 베이스를 가열하여 녹인 후 천연 분말과 에센셜 오일을 섞어 몰드에 채워 만들었다. 수업이 끝난 후 완성작을 집으로 가져와 사진을 한참 찍었고 과정 또한 즐거웠기에 전문적으로 배우기를 결심했다. 자격증 과정은 두 달 동안 이어졌고 처음 생각한 것과는 달리 수업 과정만으로는 전문가가 될 수 없었다. 내가 배운 지식을 토대로 더 공부하고 연구하고 만드는 과정이 필요하다고 생각했다. 공방 창업을 목표로 일 년 동안 주말, 공휴일을 제외한 날은 매일 같이 비누를 만들기 시작했다. 알면 알수록 흥미로운 비누의 세계라는 생각을 하면서 말이다.

일 년이 조금 지난 후 공방 창업을 결심하였고 부동산을 다니며 공방 자리를 알아보며, 생각보다 일이 순조롭게 진행되었다. 집과 걸어서 30분 거리의 월세 50만 원의 15평 공간이었다. 계약금을 지불하고 오는 길에 미리 생각해 놓았던 인테리어 견적서를 받았지만 얼마 후 공방 건물주에게 사정이 있어 계약을 취소하겠다고 전화가 왔다. 당황했지만 당시 신혼집에서 홈 공방부터 시작해 보자라고 결론을 내렸다. 네이버 블로그를 통해 비누 판매와 수업을 운영했지만 초기에는 관심을 얻지 못했다. 공방 운영 부진을 타개하기 위해 고민을 했고 비누에 예쁜 색을 넣는 것을 시작으로 과일, 보석, 풍경 등의 디자인을 넣어 시각적인 관심을 끌어야겠다고 생각했다. 그 당시에는 디자인 비누가 생소했고 배울 수 있는 선생님이 계시지 않아 홀로 독학을 해야 했다. 쉬는 날 없이 매일 같이 디자인 비누를 연습하고 실패와 성공을 반복하며 나만의 데이터를 만들어가기 시작했다.

노력의 산물처럼, 어느 순간 수강생들이 찾아왔고 비누 구매를 위한 방문자가 생기기 시작했다. 수업을 하는 강사가 되고 판매자가 되자 문득 거금의 인테리어 공사를 하고 월세를 내며 공방을 창업했었다면 지금의 수입으로는 공방을 운영하지 못했을 거라는 생각이 들었다. 다시 돌파구를 찾기 위해 고민하고 정보를 수집하던 중, 네이버에서 사업자와 작가를 위한 공간이 생긴다는 광고를 보게 되어 지원을 했다. 네이버 파트너스퀘어 광주 아틀리에 1·2기 작가로, 익산에서 광주로 1시간 30분의 출퇴근을 시작했다. 힘들었지만 입주 작가에게 주는 작품 전시 기회, 브랜딩 기획 방법, 상품 촬영 실무, 유명 강사진의 강의 등 다양한 경험을 통해 1년 동안 고속 성장할 수 있는 기회를 얻게 되었다.

현재도 네이버파트너스퀘어에서는 사업자들을 위한 무료 강의와 제품 촬영 공간을 예약 할 수 있으니 필요한 분들이 있다면 도움 받기 바란다.

연습 또 연습

입주 작가 기간이 끝난 후 홈 공방이 아닌 상가를 얻어 진짜 내 공방을 만들었다. 작업 공방은 출근을 설레게 하고 퇴근을 아쉽게 만드는 곳이었다. 하루 종일 비누 디자인을 고민하고, 불쑥 떠오르는 아이디어를 기록하며 정말 비친자(비누에 미친 자)라고 생각이 들 정도로 빠져 있었다. 평소 문화재나 유물에 관심이 많았던 터라 살고 있는 지역의 박물관과 유적지를 자주 찾았다. 그 중 미륵사지는 한 눈에 반할 정도로 넓고 푸르며 아름다운 곳이였다. '이 아름다움을 비누에 담아보면 어떨까'라는 상상을 시작으로 비누를 디자인하게 되었다. 좋아하는 대상이 명확했기 때문에 만족스러운 결과물을 얻어냈다. 상상했던 것을 실제로 만들어 낸 과정은 어려웠지만 생각보다 흥미로운 일이었다. 결과물을 잘 만들기 위해서는 아이디어를 스케치하고 단순화하며 채색하는 과정이 필요한데, 이 부분이 가장 어려운 작업이다. 그리고 비누 사용 목적과 계절 등을 고려한 원료 선택과 레시피 구싱, 디자인에 따른 색깔 별 비누 용액 g을 계산 하는 과정이 중요하다. 매일 꾸준히 비누를 만들며 연습했던 시간이 없었더라면 지금의 숙련된 비누 디지인을 만듬어내기는 힘들었을 것이라고 생각한다. 본인만의 비누 디자인 창작을 원하는 분들이라면 비누가 만들어지는 화학반응의 원리를 먼저 이해하고 예쁜 그림을 담은 디자인 기법을 차근차근 명확하게 익혀야 한다. 좋아하는 대상을 찾아 그것을 소재로 몇 가지 디자인 기법을 연습 또 연습한다면 만족도가 높은 비누를 만들 수 있다.

기회! 공공기관의 선택을 받게 된 계기

스스로 만든 작품에 애정이 있고 자신감은 얻었지만 사람들에게 알리는 것은 생각보다 더 어려운 일이었다. 사진찍기에 자신은 없었지만 SNS에 업로드 할 비누를 촬영하기 위해 진심을 다했다. 소위 말하는 SNS 감성을 따라하다 보니 점차 나만의 분위기가 생기기 시작했다. 다양한 연출을 하기 위해 소품을 모으기도 했다. 네이버 작가 활동을 하면서 사진의 중요성을 배웠기 때문에 비누가 멋지게 보여질 수 있는 구도와 상품에 어울리는 소품 준비에 많은 시간을 할애했다. SNS는 가장 효과가 좋은 무료 홍보 채널이다. 3년 동안 매일 오후 다섯시에서 여덟시 사이에 사진을 업로드했다. 오프라인 홍보에도 적극적으로 나서서 나를 소개하기 위해 발로 뛰었다. 관공서에서 운영하는 정책 회의, 청년 모임 등을 참여하여 열두달 공방이 우리 지역에 있음을 알렸다. 우연히 내 SNS를 보고 주문을 하는 경우도 있었지만 안주하지 않고, 막연히 우연만을 기다리지 않았다. 당시 내가 생각한 비즈니스 모델은 B2B(기업이 기업에게 물품 및 서비스를 직접 제공하는 것), B2G(기업이 행정기관에게 물품 및 서비스를 직접 제공하는 것)였고, 그것을 실현시키기 위해 계획을 세웠다. 우선 판매하고자 하는 타겟층이 관심을 가질만한 지역의 유명 명소나 특징을 잡아 비누 디자인을 했고, 상품 촬영 후 비누 소개가 담긴 홍보물을 제작해 납품하고자 하는 곳에 홍보용 메일을 보냈다. 비즈니스 모델을 명확히 한 후 디자인을 구상하고 상품을 제작 후 홍보용 메일을 발송한 것이 타겟층을 사로잡은 확실한 열두달만의 전략이었던 것 같다. 이러한 적극적인 시도로 공공기관 납품을 시작하는 기회를 잡게 되었고 지금까지도 쭉 이어오고 있다. 취미로 시작했던 것이 이제는 12DAL SOAP 열두달 비누 브랜드로 탄생하고 공방을 운영하는 강사이자 비누 디자이너가 되었다. 비누 디자인 창작 방법을 토대로 원료, 도구, 디자인 레시피에 대한 상세한 설명, 비즈니스 모델을 위한 열두달 만의 꿀팁들이 예비 비누 공예가, 창작자들의 시행착오를 줄이는 긍정적인 자료가 되기를 바라며 이 책이 각자의 위치에서 독자의 환경에 맞게 응용되기를 바란다.

○ **다양한 선택지 만들기**
아름다운 풍경이 담긴 문화재를 여러 버전으로 구성하여 샘플을 만들어 놓는다면 구매자의 만족도와 구매 의지가 높아진다. 작업 과정과 완성 후 사진을 찍어 자신만의 자료를 만들어 놓고 다양한 방법으로 홍보한다.

○ **가격과 결제서류 준비하기**
기준 가격을 책정하고 수량이나 예산에 따라 할인율을 적용한다. 가장 놓치기 쉬운 실수는 부가세이다. 모든 비용 안내 시, 부가세 포함/미포함 여부를 정확히 알려야 한다. 또 관공서에서는 빠른 피드백과 결과물, 서류가 중요하다. 기관마다 서류가 상이하지만 필수 서류는 같다. 사업자등록증, 통장사본, 도장, 견적서, 세금계산서, 카드리더기 등을 미리 준비한다.

○ **일정 조율하기**
납품 일자는 고객이 원하는 날짜에 맞추는 것을 우선으로 하되 공방 상황에 맞게 현실적으로 조정하고 스케줄 변수를 생각하여 최소 3일 정도의 여유를 둔다.

○ **안전한 배송 방법 찾기**
제작 후 상품 배송 시 수량이 100~1,000개 단위로 나뉜다. 비누 무게가 상당하기 때문에 박스는 4호 사이즈를 사용하고 무게가 무겁지 않도록 소분 배송한다. 열두달은 자차로 2시간 이내의 거리는 직접 배송을 원칙으로 하고 직접 배송이 어려운 상황에서는 파손율이 낮은 우체국 택배를 이용한다.

포장 방법

● 상자 포장

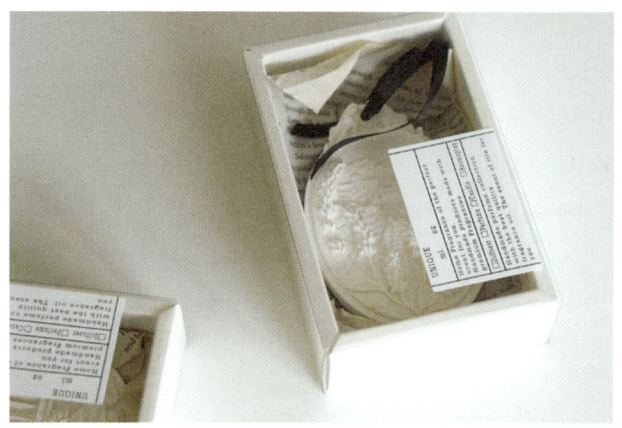

비누가 흔들리지 않게 종이 포장재를 깔아준 뒤 상자에 넣는다.
상자 포장 후에는 로고 스티커나 상품 설명서를 부착하면 신뢰감을 주는 포장이 완성된다.

● 미니 쇼핑백 포장

상품을 미니 쇼핑백에 넣어 포장하면 답례품으로 납품이 가능하다.

● 랩 포장

비누 모양을 잘 살릴 수 있는 포장 방법이다. 굴곡이 있는 부분에는 기포가 생기지 않도록 랩을 펼쳐서 포장한다.

● 비닐 포장

비누 사이즈에 맞는 OPP비닐에 넣어 포장한다. 상품 디자인을 바로 확인 할 수 있는 장점이 있다.

◉ 리본 포장

종이 봉투에 담아 리본으로 포장하면 감성적인 분위기를 연출할 수 있다.

◉ 보자기 포장

보자기 포장은 명절 선물로 인기가 많은 방식이다.

포장 끈 추천

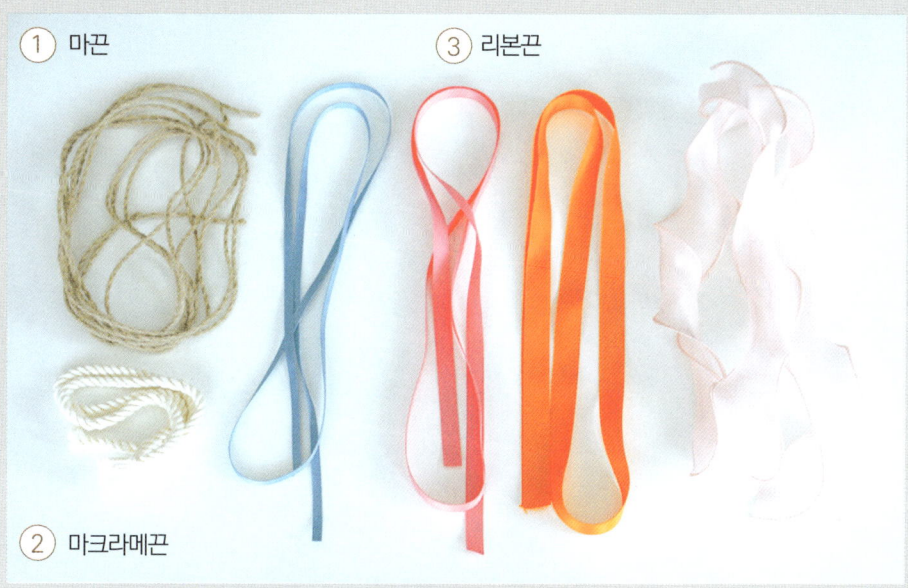

① 마끈
② 마크라메끈
③ 리본끈

· 비누 포장이나 디자인 데코에 따라 알맞은 리본을 선택한다.
  ex) 설거지 비누 – 1번 마끈, 2번 마크라메끈 / 꽃 비누 – 3번 리본끈

디자인 비누
납품 사진

1 국립익산박물관 미륵사지
2 수원문화재단 방화수류정
3 한국안광학산업진흥원
4 익산시문화도시지원센터 탄생석

3. 부록   109

5 광주광역시 주최 아시아문화탐험대 예술체험 무등산 비누
6 국립익산박물관 사리외호 비누 모빌 만들기 키트
7 한국학중앙연구원 석탑 비누
8 익산시문화도시지원센터 탄생석 비누

7

8

9 동학농민혁명기념관 조형물 비누
10 익산시문화관광재단 보석 비누
11 한려해상국립공원동부사무소 기념 비누

9

10

11

3. 부록　113

열두달
비누 공방

하루의 시작과 끝을 함께 하는 일상 속 작은 예술.
자연을 주제로 디자인 비누를 만들어 수업하고
판매하는 공방입니다.

인스타그램 @12dal_soap   블로그 https://blog.naver.com/12dal_soap

④ 작업 스케치 노트

119 · 예시
129 · 작업 스케치 노트

12dal Soap Design Recipe Book

예시 1번	
제작 날짜	05.29
주 제	바다
커팅 날짜	05.31

레시피	사용 색상	용량
	동백유	200g
	스윗아몬드유	130g
	아보카도유	100g
	피마자유	20g
	코코넛유	150g
	팜유	150g
	가성소다	110g
	정제수	225g

용액 나누기	위치	색상	용량
	하늘	하얀색	300g
		하늘색	230g
	섬	진초록색	70g
	바다	초록색1	50g
		초록색2	50g
		초록색3	100g
		하얀색	50g
	모래사장	연갈색	150g

〈드로잉〉

〈완성사진〉

그리드를 잘라서 몰드에 넣어 사용하세요.

예시 2번	
제작 날짜	03.01
주 제	호수
커팅 날짜	03.03

레 시 피	사용 색상	용량
	살구씨유	170g
	올리브유	150g
	호호바유	80g
	미강유	30g
	코코넛유	170g
	팜유	150g
	가성소다	106g
	정제수	225g

용액 나누기	위치	색상	용량
	하늘	하얀색	200g
		진하늘색	270g
	숲	진초록색	130g
	호수	진하늘색	30g
		하늘색	80g
	꽃밭	연초록색	230g
		분홍색	30g
		진분홍색	30g

〈드로잉〉

〈완성사진〉

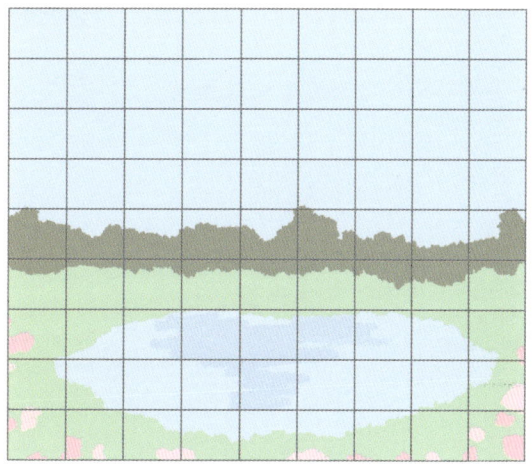

그리드를 잘라서 몰드에 넣어 사용하세요.

	예시 3번	
제작 날짜		04.24
주 제		건물
커팅 날짜		04.26

레시피	사용 색상	용량
	녹차씨유	250g
	올리브유	100g
	미강유	30g
	피마자유	20g
	코코넛유	200g
	팜유	150g
	가성소다	113g
	정제수	225g

용액 나누기	위치	색상	용량
	하늘	보라색	280g
	건물	연보라색	90g
		하늘색	110g
		노란색	120g
		주황색	100g
	잔디	초록색	300g

※ 달 스탬프 후가공

〈드로잉〉

〈완성사진〉

그리드를 잘라서 몰드에 넣어 사용하세요.

예시 4번	
제작 날짜	11.08
주 제	노을
커팅 날짜	11.10

레시피	사용 색상	용량
	올리브유	300g
	미강유	20g
	피마자유	30g
	코코넛유	200g
	팜유	200g
	정제수	113g
	가성소다	225g

용액 나누기	위치	색상	용량
	하늘	주황색	400g
	바다	회색	270g
		연회색	80g
	섬	검은색	250g

※ 노을 속 태양 비누 준비

〈드로잉〉

〈완성사진〉

그리드를 잘라서 몰드에 넣어 사용하세요.

4. 작업 스케치 노트

예시 5번	
제작 날짜	12.23
주 제	산타
커팅 날짜	12.25

레시피	사용 색상	용량
	올리브유	200g
	해바라기씨유	100g
	미강유	30g
	코코넛유	220g
	팜유	200g
	가성소다	114g
	정제수	225g
	에센셜 오일	20ml

용액 나누기	위치	색상	용량
	모자	빨간색	300g
		하얀색	200g
	얼굴	살색	200g
	수염	하얀색	300g

※ 눈, 코 속비누 준비

〈드로잉〉

〈완성사진〉

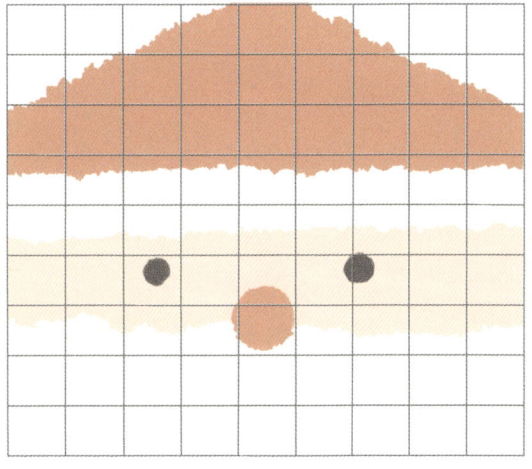

그리드를 잘라서 몰드에 넣어 사용하세요.

4. 작업 스케치 노트

제작 날짜

주제

커팅 날짜

레시피

용액 나누기

〈드로잉〉

그리드를 잘라서 몰드에 넣어 사용하세요.

실추신

제작 날짜

주제

커팅 날짜

레시피

용액 나누기

〈드로잉〉

그리드를 잘라서 몰드에 넣어 사용하세요.

절취선

제작 날짜

주제

커팅 날짜

레시피

용액 나누기

〈드로잉〉

그리드를 잘라서 몰드에 넣어 사용하세요.

4. 작업 스케치 노트

절취선

제작 날짜

주제

커팅 날짜

레시피

용액 나누기

〈드로잉〉

그리드를 잘라서 몰드에 넣어 사용하세요.

4. 작업 스케치 노트

제작 날짜

주제

커팅 날짜

레시피

용액 나누기

〈드로잉〉

그리드를 잘라서 몰드에 넣어 사용하세요.

제작 날짜

주제

커팅 날짜

레시피

용액 나누기

〈드로잉〉

그리드를 잘라서 몰드에 넣어 사용하세요.

제작 날짜

주제

커팅 날짜

레시피

용액 나누기

〈드로잉〉

그리드를 잘라서 몰드에 넣어 사용하세요.

제작 날짜

주제

커팅 날짜

레시피

용액 나누기

〈드로잉〉

그리드를 잘라서 몰드에 넣어 사용하세요.

〈드로잉〉

제작 날짜

주제

커팅 날짜

레시피

용액 나누기

그리드를 잘라서 몰드에 넣어 사용하세요.

제작 날짜

주제

커팅 날짜

레시피

용액 나누기

〈드로잉〉

그리드를 잘라서 몰드에 넣어 사용하세요.

제작 날짜	
주제	
커팅 날짜	
레시피	

용액 나누기

〈드로잉〉

그리드를 잘라서 몰드에 넣어 사용하세요.

작품선

제작 날짜

주제

커팅 날짜

레시피

용액 나누기

〈드로잉〉

그리드를 잘라서 몰드에 넣어 사용하세요.

제작 날짜

주제

커팅 날짜

레시피

용액 나누기

〈드로잉〉

그리드를 잘라서 몰드에 넣어 사용하세요.

착출신

제작 날짜

주제

커팅 날짜

레시피

용액 나누기

〈드로잉〉

그리드를 잘라서 몰드에 넣어 사용하세요.

4. 작업 스케치 노트

제작 날짜

주제

커팅 날짜

레시피

용액 나누기

〈드로잉〉

그리드를 잘라서 몰드에 넣어 사용하세요.

제작 날짜	
주제	
커팅 날짜	
레시피	
용액 나누기	

〈드로잉〉

그리드를 잘라서 몰드에 넣어 사용하세요.

제작 날짜

주제

커팅 날짜

레시피

용액 나누기

〈드로잉〉

그리드를 잘라서 몰드에 넣어 사용하세요.